JUSTIFICATION
DE
J. J. ROUSSEAU,
DANS LA CONTESTATION
QUI LUI EST SURVENUE
AVEC M. HUME.

A LONDRES.

M. DCC. LXVI.

JUSTIFICATION
DE
J. J. ROUSSEAU,
DANS LA CONTESTATION QUI LUI EST SURVENUE AVEC M. HUME.

RIEN ne m'a plus surpris que l'abattement singulier des amis de Rousseau, & le triomphe étonnant de ses ennemis, occasionné par l'exposé de sa contestation avec M. Hume, qui vient de paroître. Les premiers gardent le silence & n'osent prendre le parti d'un homme que les derniers accusent, gratuitement & sur de fausses apparences, de toutes les noirceurs les plus révoltantes; pour moi après avoir lû avec toute l'attention possible cet exposé, je n'y ai trouvé que les traits d'une belle ame, généreuse, délicate & trop sensible, telle que Rousseau nous l'a si bien fait connoître dans ses Ecrits, & encore plus par sa conduite. J'espére que le Public pensera comme moi après avoir lû les observations que je remets sous ses yeux. Avant d'aller plus loin, je dois dire que J. J. Rousseau ne me connoit pas, qu'il ne m'a jamais vû, & que je ne le connois que par ses Ecrits dignes de l'estime de tous les honnêtes gens. Mes observations ne seront point embellies par les charmes de l'éloquence, mais j'ose me flatter qu'elles auront ceux de la vérité.

Pour apprécier ce qui s'est passé de la part de J. J. Rousseau, il faut examiner quelle étoit sa situation lors de son différend avec M. Hume. Il arrive en Angleterre avec lui, ce dernier l'annonce & le présente par-tout comme son ami intime; Rousseau qui aime la vie champêtre, quitte bientôt Londres, pour aller demeurer à la campagne, il s'ôte par-là tous moyens de faire des connoissances, de se faire un parti, des amis, & des protecteurs. M. Hume reste à Londres, il est l'ami de Rousseau & devient par-là le seul homme qui puisse le servir & de qui Rousseau puisse recevoir des services. Voilà je crois le véritable état où se trouvoit J. J. Rousseau lors de son différend avec M. Hume: ne falloit-il pas des raisons biens fortes, pour obliger Rousseau de rompre avec lui dans ces circonstances!

Après quelque séjour à la campagne, Rousseau apprend que l'on a fait imprimer dans les papiers publics, une lettre sous le nom du Roi de Prusse pleine de malignité contre lui, bien-tôt on voit paroître dans les mêmes feuilles d'autres écrits plus méchants encore que le premier; Rousseau sçait que les Auteurs de ces violentes satires sont des hommes, non-seulement de la connoissance de M. Hume, mais encore ses amis. Il sçait que M. Hume ne leur a fait aucune représentation la-dessus, & qu'il n'a pas même daigné détromper personne sur des écrits si méchants, contre un homme dont il se dit l'ami. Rousseau connoissoit peu M. Hume; leur amitié avoit été précipitée, & souvent l'on est trompé par les gens qui nous marquent le plus d'empressement ; Rousseau pendant le tems qu'il avoit vécu avec M. Hume, avoit vû bien des choses qui lui donnoient de l'inquiétude. Quel Ange, je le demande, auroit pû se défendre dans cette position, de soupçonner M. Hume d'avoir part à toutes ces méchancetés! J. J. Rousseau devient donc la proie des plus violens soupçons ! il cherche une explication qui est éludée par M. Hume ; une nouvelle satire paroît dans les Ecrits publics, elle contient des particularités qu'il croit ne pouvoir être connues que de M. Hume. Alors les soupçons se changent en certitude & en conviction. Que doit faire Rousseau dans cette circonstance, attendra-t'il ? & laissera-t'il M. Hume continuer de le servir auprès des Ministres pour la pension qu'il sollicite ? mais de deux choses l'une, ou M. Hume dédaignant Rousseau, le sert par pitié en voulant lui procurer de quoi subsister : ah ! quelle bassesse ne faudroit-il pas pour recevoir de pareils bienfaits ! ou M. Hume sert publiquement Rousseau, même avec succès, pour couvrir plus sûrement ses manœuvres contre lui: eh! quel est l'homme qui ne repoussera pas avec horreur de pareils services! que reste-t'il donc à faire à Rousseau? de refuser ce qui lui est accordé par la médiation de M. Hume, & de rompre avec lui comme il a fait dans sa lettre du 10 Juillet 1766.

Cette lettre qui fait la consternation de ses amis & le triomphe de ses ennemis, cette lettre qui attire à Rousseau le reproche du plus lâche de tous les vices, celui de l'ingratitude, est précisément ce qui doit l'en justifier sans replique ; J. J. Rousseau ingrat est un problême qui restera toujours sans solution : si Rousseau eût été capable d'ingratitude, il eût dissimulé, il eût accepté sans délais une grace qui lui étoit accordée par les sollicitations de M. Hume, après quoi il eût éclaté. Telle est la marche de l'ingratitude, elle commence par remplir sa bourse, ensuite elle persécute celui qui la lui a remplie.

Jusqu'au moment de la pension, qu'avoit fait M. Hume pour Rousseau ? étoit-ce par sa protection qu'il avoit obtenu un azile en Angleterre ? étoit-ce à ses frais qu'il en avoit fait le voyage & qu'il y subsistoit ? non ; Rousseau étoit connu, estimé, je puis même dire en vénération chez les Anglois autant par ses ouvrages que par sa maniére de vivre ; Rousseau arrivant seul en Angleterre, eût donc été bien venu de tous les honnêtes gens de cette Nation, & on se seroit également empressé à lui offrir la retraite qu'il désiroit, quand il n'auroit pas été accompagné de M. Hume. La preuve de ce que je dis, est que M. Davenport en accordant sa maison de campagne à Rousseau, l'a fait autant par considération pour lui que par égard pour M. Hume, qu'il ne connoissoit presque pas.

Cependant M. Hume prend

le titre de bienfaiteur de Rousseau dans une lettre qu'il lui écrit, en date du 16 Juin 1766 : Rousseau ayant refusé la pension qu'il sollicitoit pour lui, je ne vois rien qui puisse autoriser M. Hume à prendre un titre si haut & si supérieur vis-à-vis de Rousseau, que le petit manége qu'il a employé pour lui procurer des secours clandestins. Rousseau étoit trop clairvoyant, pour ne pas s'en appercevoir bien-tôt; & s'il ne s'en fût pas indigné, n'auroit-il pas été le plus chétif & le plus méprisable de tous les hommes ? Quoi de plus honteux que de vouloir paroître aux yeux du

Public un homme désintéressé, un homme méprisant la fortune, tandis que l'on accepte tout ce qui nous est offert, pourvû seulement qu'on vueille nous permettre de paroître ne pas nous en appercevoir. M. Hume pouvoit-il soupçonner J. J. Rousseau d'une pareille hypocrisie!

Je le repete, qu'on lise sans partialité la lettre de Rousseau à M. Hume; & on y reconnoîtra un honnête homme, déchiré par les inquiétudes les plus cruelles, faisant continuellement l'éloge d'un homme qu'il a crû digne de son estime & de son amitié, dans le tems même qu'il l'accable des reproches les

plus amers, parce qu'il s'en croit trahi : quoi de plus touchant, quoi de plus attendrissant que la fin de cette lettre !
» Je suis, dit-il, le plus malheu-
» reux des hommes si vous en
» êtes le plus coupable, je suis
» le plus vil, si vous êtes inno-
» cent, vous me faites désirer
» d'être cet objet méprisable ;
» oui, l'état où je me verrois
» prosterné, foulé sous vos
» pieds, criant miséricorde, &
» faisant tout pour l'obtenir,
» publiant à haute voix mon
» indignité, & rendant à vos
» vertus le plus éclatant hom-
» mage, seroit pour mon cœur
» un état d'épanouissement &

» de joie après l'état d'é-
» touffement & de mort où
» vous l'avez réduit..........
» si vous êtes innocent, daignez
» vous justifier ; je connois
» mon devoir, je l'aime, &
» l'aimerai toujours quelque
» rude qu'il puisse être ; il n'y a
» pas d'abjection dont un cœur
» qui n'est pas né pour elle, ne
» puisse revenir : encore un
» coup, si vous êtes innocent
» daignez vous justifier. » Peut-
on faire un plus bel éloge de l'a-
mitié de M. Hume! J. J. Rouf-
feau malgré la violence de ses
soupçons, malgré même ses
convictions, craint cependant
d'être dans l'erreur, il désire

d'y être, il désire qu'on la lui fasse connoître, & alors rien ne lui coûte; l'état le plus vil devient pour son cœur un état d'épanouissement & de joie, il se trouve heureux de pouvoir publier à haute voix son indignité, & de rendre l'hommage le plus éclatant aux vertus de M. Hume. Est-il possible d'annoncer une plus belle ame ! & quel homme généreux peut n'en être pas touché jusqu'aux larmes ? M. Hume devoit-il, après avoir lû cette lettre s'abandonner à son ressentiment ? & publier sa contestation avec Rousseau en y joignant les notes satiriques & indécentes de ceux qu'il avoit consultés dans cette affaire?

M. Hume, en réfléchissant sur sa conduite, ne pouvoit se déguiser qu'il avoit donné lieu aux soupçons de Rousseau. La douceur de son caractère lui avoit fait écouter & voir patiemment ses anciens amis déchirer cruellement son nouvel ami. Il étoit tout naturel à un homme d'un caractère aussi honnête que Rousseau, de soupçonner M. Hume d'être leur complice. Pouvoit-il imaginer qu'on pût être l'ami de ses ennemis qui le traitoient avec tant de noirceur & d'indignité, sans qu'on fût capable de penser comme eux? Rousfeau pouvoit-il se persuader que M. Hume pût souffrir patiemment d'être couvert de ridicule par ses anciens amis qui tâchoient d'avilir un homme qu'il avoit annoncé avec tant d'empressement comme son ami intime, & digne de la plus grande considération ? Cependant j'ai peine à croire M. Hume coupable de trahison, & il paroît qu'il restoit encore des doutes à Rousseau là-dessus, malgré ses certitudes & ses convictions ; la fin de sa Lettre en est une preuve. Mais M. Hume auroit au moins à se reprocher trop de foiblesse, il sentoit bien que son refroidissement avoit autorisé les soupçons de Rousseau, & l'avoit obligé à une rupture ouverte. Il sentoit bien aussi qu'on pouvoit lui en faire un reproche sensible. Sans quoi, pourquoi eût-il différé si long-tems à mettre au jour son différend avec Rousseau ? Pourquoi eût-il attendu d'en être pressé aussi vivement qu'il l'a été par ce dernier ? Tant de modération n'est pas naturelle ! Mais il est humiliant de passer pour un homme qui est indifféremment l'ami de tout le monde.

Si j'avois été à la place de M. Hume, & que j'eusse été réellement innocent de toute trahison, je lui aurois écrit, « quoique » je sois innocent, & que par con-

» féquent je doive reffentir plus
» vivement la dureté de votre Let-
» tre, cependant je ne puis m'em-
» pêcher d'eftimer les principes
» qui vous l'ont dicté; vous au-
» riez pû me foupçonner d'un peu
» de foibleffe, mais jamais de
» trahifon. N'attendez pas que
» je me juftifie; un homme qui
» eft parvenu à mon âge fans
» qu'on puiffe lui reprocher la
» moindre perfidie, doit trouver
» fa juftification dans fa vie paffée.
» Je cefferai de vous fervir, de-
» peur de vous paroître encore
» plus fufpect, & je ne me char-
» gerai de vos intérêts, que quand
» vous ferez convaincu que je
» mérite toute votre confiance.

Si le Public étonné de mon différend avec Rousseau, m'eût mis dans la nécessité d'en mettre au jour les motifs, je me serois contenté de lui donner les Lettres de Rousseau & la mienne : une conduite aussi remplie de modération, m'eût attiré l'éloge d'une Nation aussi généreuse que la Nation Angloise, & l'estime de tous les gens qui pensent avec noblesse.

Examinons à présent la conduite de M. Hume : M. Hume sçavoit qu'il ne pouvoit se dire le bienfaiteur de Rousseau, sitôt que ce dernier refusoit la pension qu'il sollicitoit pour lui, M. Hume ne pouvoit se déguiser qu'il avoit donné lieu aux soupçons de Rousseau, par sa complaisance pour ses anciens amis qui déchiroient sous ses yeux impitoyablement son nouvel ami, sans qu'il parut y prendre la moindre part; M. Hume sentoit que sans y penser, & par bonté de cœur il auroit offensé & auroit avili Rousseau en lui procurant des secours clandestins, si ce dernier s'appercevant bientôt de ce petit manége, ne les eût rejetté avec indignation; M. Hume avoit entre ses mains la Lettre de Rousseau, qui, malgré sa violence, devoit attendrir l'ame la moins sensible, surtout en réfléchissant qu'on y avoit donné lieu quoiqu'innocemment, malgré tant de raisons qui devoient modérer son emportement, M. Hume écrit à Rousseau la Lettre la plus dure, il la rend publique ainsi que les Lettres de J. J. Rousseau, il les fait précéder par un exorde trop préparé pour un homme qui n'a rien à se reprocher, & il les accompagne de l'avis de ceux qu'il a consultés. Ces braves gens, ces têtes sages, solides & sensées, décident les uns que Rousseau est ingrat & orgueilleux, les autres qu'il a la tête baissée, qu'il flotte entre la folie & la raison.

Rousseau ingrat ! Il est prouvé qu'il ne l'est pas. Rousseau a de l'orgueuil, cela peut être. Mais un orgueil qui nous met au-dessus de la fortune, qui nous porte à vivre du fruit de nos travaux, qui nous préserve de toutes lâches complaisances, est un orgueil bien estimable, & malheureusement trop rare parmi les Gens de Lettres !

Rousseau a une tête baissée, il flotte entre la folie & la raison ! La belle & l'heureuse folie, que celle qui nous porte à sacrifier nos jours pour le bonheur du genre humain, & à découvrir constamment aux hommes les moyens de se rendre généreux, estimables, & heureux ! Qu'il est triste pour notre siécle, qu'il y ait des têtes à qui une tête si respectable paroisse affectée de folie ! Et qu'il est digne d'un grand Roi d'empêcher que l'âge & les infirmités ne réduisent à une misere extrême un homme qui a si bien mérité de l'humanité. Ses bienfaits seront entre les mains d'un pareil homme un dépôt sacré, dont il est bien sûr qu'il ne privera pas les malheureux tant que ses forces lui permettront de travailler à sa propre subsistance.

En un mot, J. J. Rousseau arrivant en Angleterre, y étoit étranger ; il n'y étoit connu que par la beauté de ses Ouvrages; mais il n'arrive que trop souvent que les Auteurs les plus sublimes dans leurs Ecrits, se conduisent d'une maniere très-méprisable. Il lui importoit donc infiniment de faire connoître à cette fiere Nation, que sa conduite étoit d'accord avec les sentiments qu'il annonce dans ses Ouvrages, & qu'il n'y a aucune vue d'intérêt qui puisse l'engager à compromettre son honneur & sa réputation. Après cela, qui peut ne pas convenir que Rousseau a été obligé de se conduire comme il l'a fait à l'égard de M. Hume, & qu'il a montré dans cette occasion une belle ame, une ame délicate & sensible, une ame intrépide & élevée au-dessus de l'adversité ? Eh ! quel est l'honnête homme que cet événement pourroit éloigner de la société de Rousseau ? Quel est celui au contraire qui ne désireroit pas de devenir l'ami d'un homme si plein de candeur & si digne d'estime ?

Quant aux faussetés qu'on impute à Rousseau, je ne prétends pas l'en justifier, parce que je ne suis pas assez instruit ; & je sens qu'il ne suffiroit pas dans cette occasion de dire qu'on ne l'en a jamais accusé, & que son caractère plein de franchise & de candeur, ne lui a jamais permis de recourir au menfonge. Tout ce qu'il y a de certain, c'eſt que les remarques trop recherchées de M. Hume ſur la Lettre de Rouſſeau, ne ſont pas capables de le convaincre d'impoſture, & que la Scêne attendriſſante qu'il rapporte dans ſa réponſe à Rouſſeau, doit avoir été précédée d'une Scêne beaucoup plus vive que celle dont parle M. Hume. Ainſi le récit de Rouſſeau paroît bien plus naturel & bien plus vraiſemblable; d'ailleurs ce récit ſemble très-confirmé par la premiere Lettre que Rouſſeau écrivit à M. Hume en arrivant à Voorton, & qu'il termine par ces mots ; « je vous aime d'un

» cœur tel que j'espere & que je » désire de trouver en vous. L'on n'écrit pas ainsi à quelqu'un dont on ne soupçonneroit pas les sentimens.

N. B. Je me suis dispensé de faire précéder le nom de J. J. Rousseau du titre de Monsieur, par deux raisons : la premiere, c'est qu'il m'a paru le dédaigner: la seconde, c'est que je vois faire mention des grands hommes anciens & même de plusieurs modernes, sans user de ce cérémonial avec eux ; parce qu'ils sont trop au-dessus ; & je vois peu d'hommes dans ce siécle, plus dignes du nom de grand homme, que J. J. Rousseau.

www.ingramcontent.com/pod-product-compliance
Lightning Source LLC
Chambersburg PA
CBHW060627050426
42451CB00012B/2460